Impressum
Verlag: BABADADA GmbH, Nedderfeld 112 , 22529 Hamburg
Geschäftsführer / Verlagsleitung: Harald Hof
Druck: Books on Demand GmbH, In de Tarpen 42, 22848 Norderstedt

Imprint
Publisher: BABADADA GmbH, Nedderfeld 112 , 22529 Hamburg, Germany
Managing Director / Publishing direction: Harald Hof
Print: Books on Demand GmbH, In de Tarpen 42, 22848 Norderstedt

l'école
makaranta

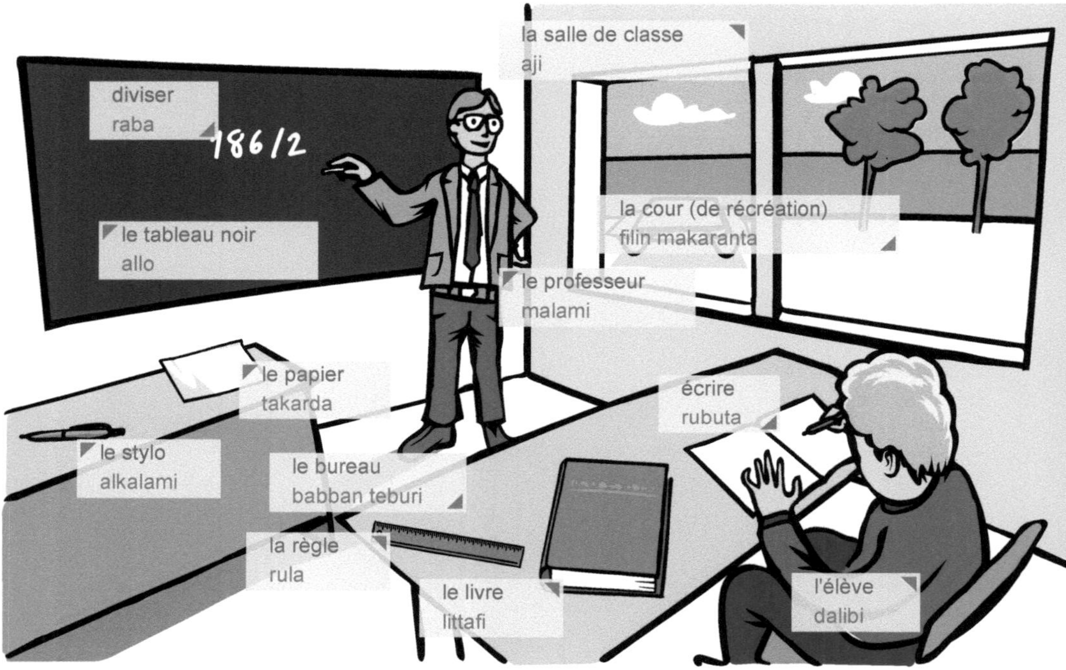
la salle de classe
aji
diviser
raba
186/2
le tableau noir
allo
la cour (de récréation)
filin makaranta
le professeur
malami
le papier
takarda
écrire
rubuta
le stylo
alkalami
le bureau
babban teburi
la règle
rula
le livre
littafi
l'élève
dalibi

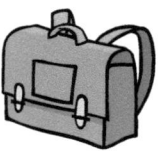

le cartable
jakar makaranta

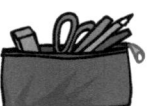

la trousse
gidan fensir

le crayon
fensir

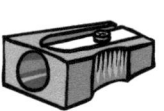

le taille-crayon
abin fike fensir

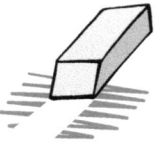

la gomme
kilina

le carnet à dessin
kwalin zane

le dessin
....
zane

le pinceau
....
burushin fenti

la boîte de peinture
....
gwangwanin fenti

les ciseaux
....
almakashi

la colle
....
gam

le cahier d'exercices
....
littafi aiki

les devoirs
....
aikin gida

le chiffre
....
lamba

additionner
....
kara

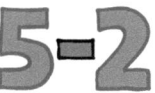

soustraire
....
debe

multiplier
....
yi sau

calculer
....
kwakuleta

la lettre
....
wasika

l'alphabet
....
harafi

le mot
....
kalma

le texte

rubutu

lire

karanta

la craie

alli

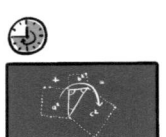

la leçon

darasi

le livre de classe

rijista

l'examen

jarabawa

le certificat

satifiket

l'uniforme scolaire

kayan makaranta

la formation

ilimi

le lexique

kundin ilimi

l'université

jami'a

le microscope

madubin kimiyya

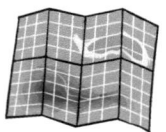

la carte

taswira

la corbeille à papier

kwandon shara

le voyage
bulaguro

l'hôtel
otal
Grand
l'auberge
dakunan dalibai
ROOMS
CHANGE
le bureau de change
gidan canjin kudi
la valise
karamin akwati
la voiture
karamar mota

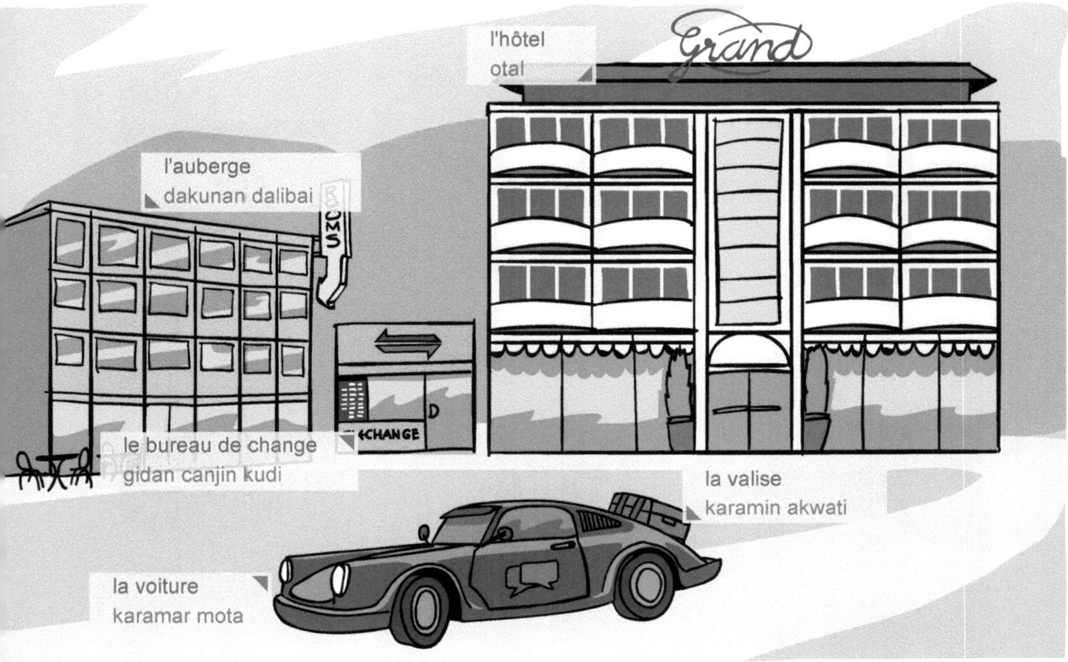

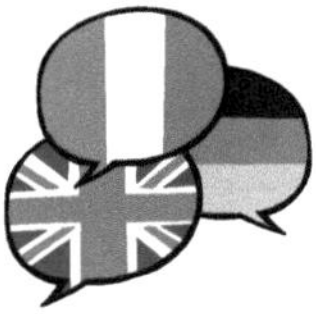

la langue

yare

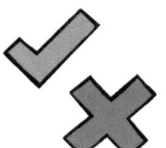

oui / non

e/a'a

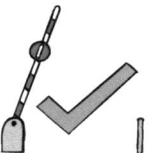

d'accord

Ya yi

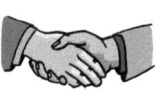

Salut

barka dai

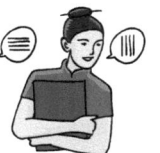

l'interprète

mai fassara

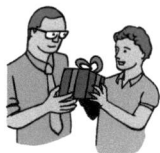

merci

Na gode

Combien coûte...?

nawa ne...?

Je ne comprends pas

ban gane ba

le problème

matsala

Bonsoir !

Barka da yamma!

Bonjour !

Ina kwana!

Bonne nuit !

barka da dare!

Au revoir

sai an jima

la direction

alkibla

les bagages

kaya

le sac

jaka

le sac-à-dos

jakar goyawa

l'hôte

bako

la pièce

daki

le sac de couchage

jakar barci

la tente

tanti

l'office de tourisme

bayanin dan yawon bude-ido

la plage

bakin ruwa

la carte de crédit

katin banki

le petit-déjeuner

karin kumallo

le déjeuner

abincin rana

le dîner

abincin dare

le billet

tikiti

l'ascenseur

daga

le timbre

hatimi

la frontière

iyaka

la douane

kudin fiton kaya

l'ambassade

ofishin jakadanci

le visa

biza

le passeport

fasfo

le transport
abin hawa

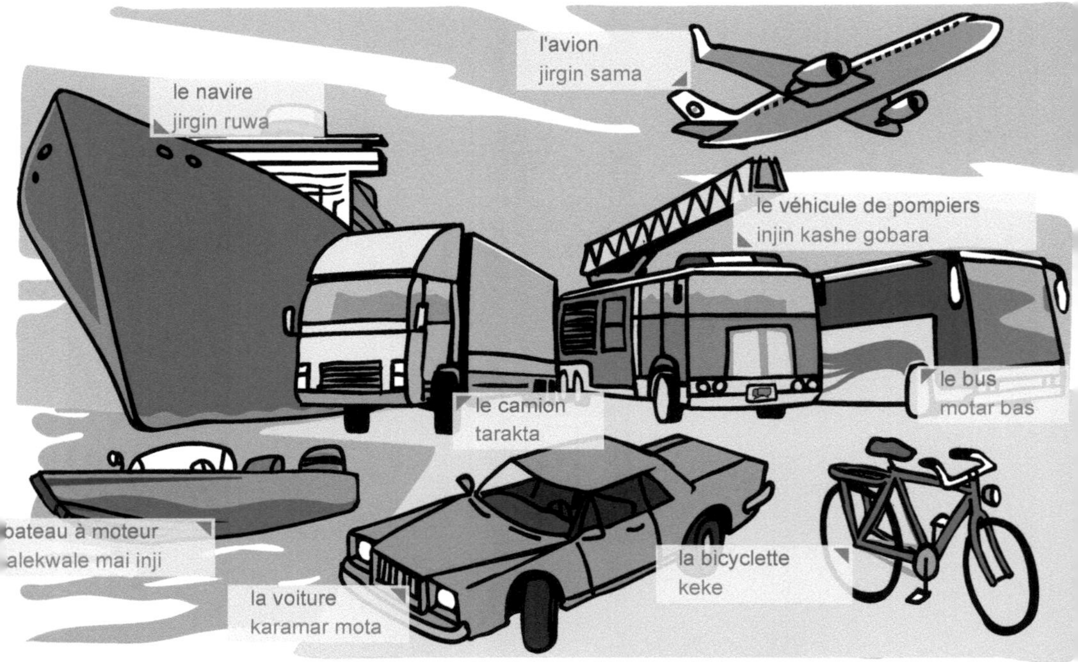
l'avion
jirgin sama
le navire
jirgin ruwa
le véhicule de pompiers
injin kashe gobara
le bus
motar bas
le camion
tarakta
bateau à moteur
alekwale mai inji
la bicyclette
keke
la voiture
karamar mota

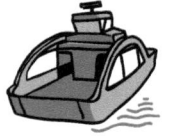

le ferry

karamin jirgin ruwa

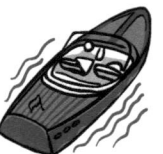

la barque

kwalekwale

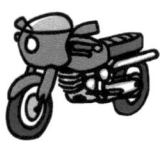

la moto

babur

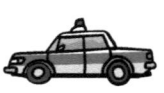

la voiture de police

motar 'yansanda

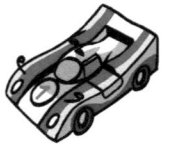

la voiture de course

motar tsere

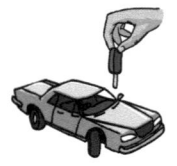

la voiture de location

motar haya

l'auto-partage

tarayyar karamar mota

la voiture de remorquage

babbar mota da ta lalace

la benne à ordures

motar shara

le moteur

mota

l'essence

mai

la station d'essence

gidan mai

le panneau indicateur

alamar titi

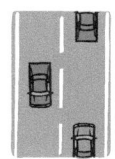

le trafic

zirga-zirga

l'embouteillage

cunkoson ababen hawa

le parking

wurin ajiye mota

la gare

tashar jirgin kasa

les rails

filin tsere

le train

jirgin kasa

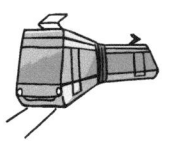

le tramway

jirgin kasa mai kyabil

le wagon

keken doki

l'hélicoptère
helikwafta

l'aéroport
filin jirgin sama

la tour
hasumiya

le passager
fasinja

le conteneur
mazubi

le carton
kwali

le chariot
amalanke

la corbeille
kwando

décoller / atterrir
tashi / sauka

la ville

birni

le village
kauye

le centre-ville
tsakiyar birni

la maison
gida

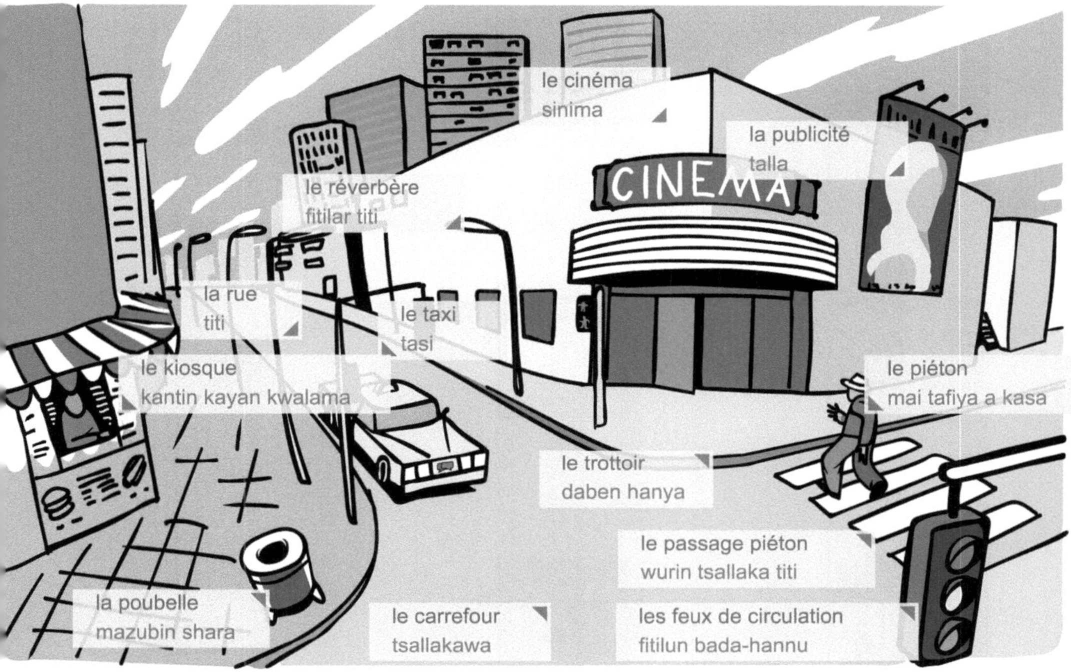
CINEMA
le cinéma
sinima
la publicité
talla
le réverbère
fitilar titi
la rue
titi
le taxi
tasi
le kiosque
kantin kayan kwalama
le piéton
mai tafiya a kasa
le trottoir
daben hanya
le passage piéton
wurin tsallaka titi
la poubelle
mazubin shara
le carrefour
tsallakawa
les feux de circulation
fitilun bada-hannu

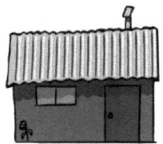

la cabane
bukka

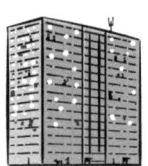

l'appartement
shafaffe

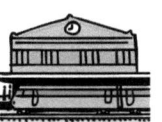

la gare
tashar jirgin kasa

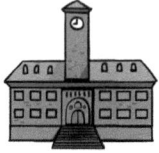

la mairie
dakin taro

MUSEUM

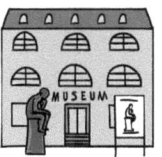

le musée
gidan kayan tarihi

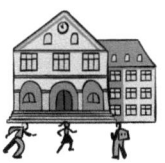

l'école
makaranta

l'université

jami'a

la banque

banki

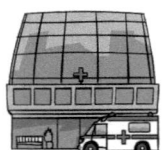

l'hôpital

asibiti

l'hôtel

otal

la pharmacie

kantin magani

le bureau

ofis

la librairie

kantin littattafai

le magasin

kanti

le fleuriste

mai sayar da furanni

le supermarché

babban kanti

le marché

kasuwa

le grand magasin

kanti mai sassa

la poissonnerie

shagon sayar da kifi

le centre commercial

wurin sayayya

le port

matsayar jiragen ruwa

le parc

ma'ajiyar motoci

la banque

benci

le pont

gada

les escaliers

kafar bene

le métro

karkashin kasa

le tunnel

ramin karkashin kasa

l'arrêt de bus

matsayar bas

le bar

mashaya

le restaurant

gidan abinci

la boîte à lettres

akwatin sakonni

le panneau indicateur

alamar titi

le parcmètre

mitar ajiye motoci

le zoo

gidan namun daji

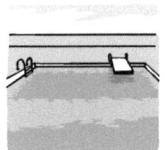

le réverbère

kwamin iyo

la mosquée

masallaci

la ferme
gona

la pollution
gurbata

la cimetière
makabarta

l'église
coci

l'aire de jeux
filin wasanni

le temple
dakin bauta

le paysage
fadin kasa

la feuille
ganye

le panneau indicateur
turken alama

le chemin
hanya

le pré
makiyaya

la pierre
dutse

le randonneur
mai tattaki

l'arbre
bishiya

la rivière
korama

l'herbe
ciyawa

la fleur
fure

la vallée
kwazazzabo

la montagne
tudu

le lac
tafki

la forêt
daji

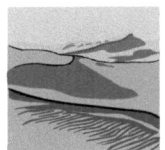

le désert
hamada

le volcan
amon dutse

le château
fada

l'arc-en-ciel
bakan-gizo

le champignon
malafar jaki

le palmier
bishiyar kwakwar manja

le moustique
sauro

la mouche
kuda

les fourmis
tururuwa

l'abeille
zuma

l'araignée
gizo

le coléoptère

burgunguma

la grenouille

kwado

l'écureuil

kurege

le hérisson

bushiya

le lièvre

zomo

la chouette

mujiya

l'oiseau

tsuntsu

le cygne

agwagwar ruwa

le sanglier

aladen daji

le cerf

namijin barewa

l'élan

kanki

le barrage

dam

l'éolienne

lantarki mai iska

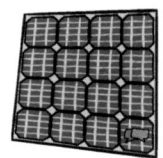

le panneau solaire

farantin hasken rana

le climat

yanayi

le restaurant
gidan abinci

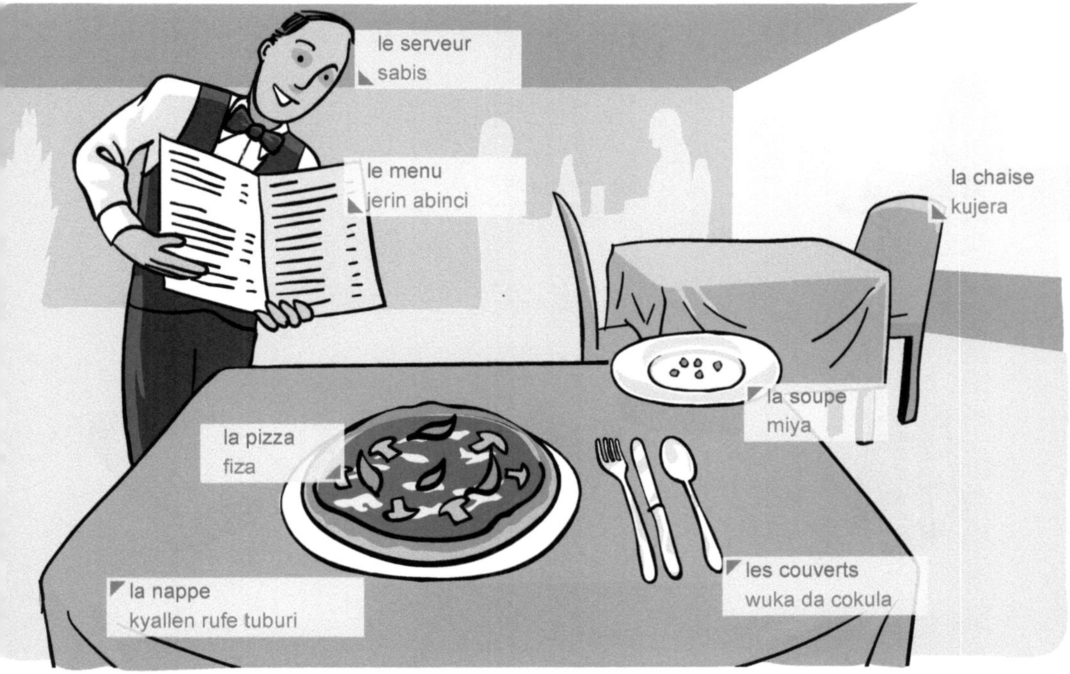
le serveur
sabis
le menu
jerin abinci
la chaise
kujera
la soupe
miya
la pizza
fiza
les couverts
wuka da cokula
la nappe
kyallen rufe tuburi

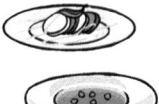

les hors d'œuvre
makunni

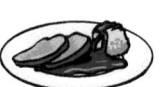

le plat principal
babban abinci

le dessert
kayan zaki

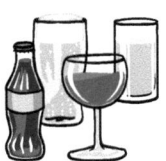

les boissons
kayan sha

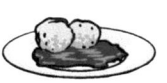

l'alimentation
abinci

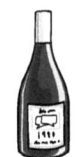

la bouteille
kwalba

le fast-food

abincin tafi-da-gidanka

les plats à emporter

abincin titi

la théière

tukunyar shayi

le sucrier

kwanon sikari

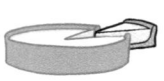

la portion

gutsire

la machine à expresso

injin hada kofi

la chaise haute

kujera mai tudu

la facture

doka

le plateau

tire

le couteau

wuka

la fourchette

cokali mai yatsu

la cuillère

cokali

la cuillère à thé

cokalin shayi

la serviette

kyallen cin abinci

le verre

gilashi

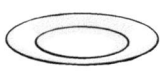

l'assiette
faranti

l'assiette à soupe
farantin miya

la soucoupe
farantin kofi

la sauce
hadin dandano

la salière
mazubin gishiri

le moulin à poivre
abin nikan yaji

le vinaigre
lamurje

l'huile
mai

les épices
kayan dandano

le ketchup
miyar tumatir

la moutarde
mustad

la mayonnaise
mayonnaise

le supermarché
babban kanti

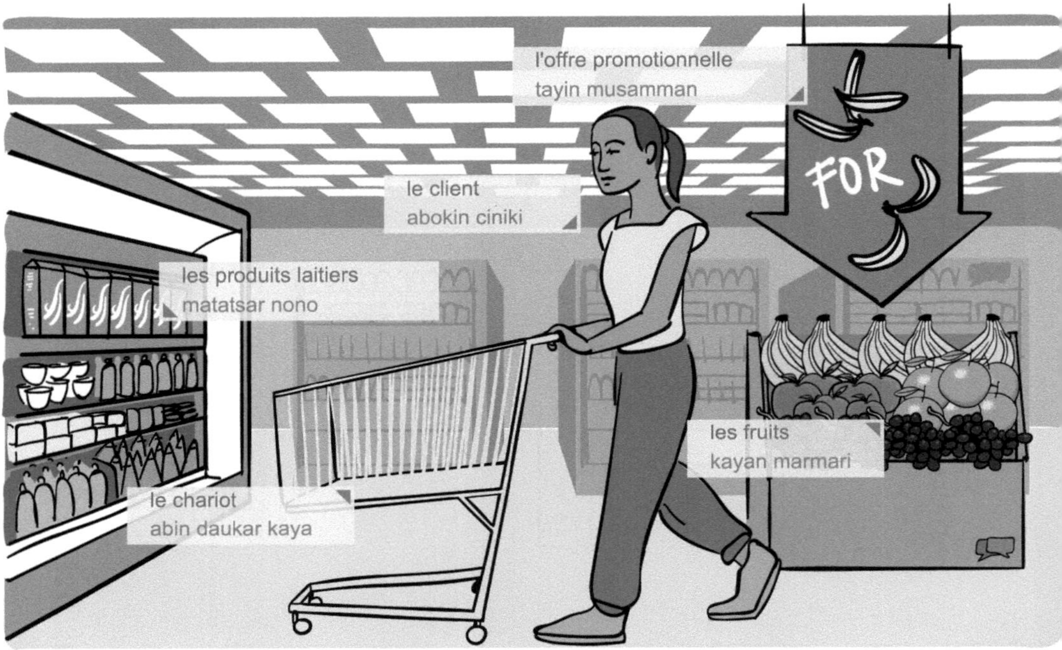

l'offre promotionnelle
tayin musamman
FOR
le client
abokin ciniki
les produits laitiers
matatsar nono
les fruits
kayan marmari
le chariot
abin daukar kaya

BUTCHERS

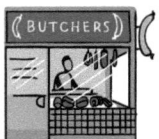

la boucherie

na mahauci

BAKERY

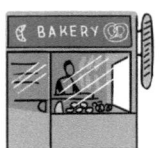

la boulangerie

shagon mai burodi

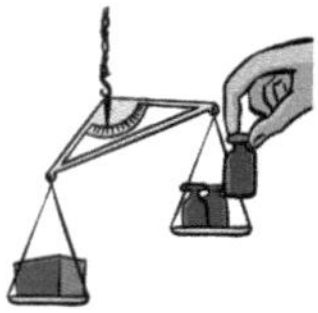

peser

auna nauyi

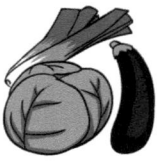

les légumes

kayan lambu

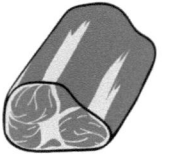

la viande

nama

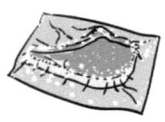

les aliments surgelés

darkararren abinci

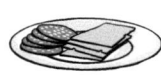

la charcuterie

nama mai sanyi

les conserves

abincin gwangwani

la poudre à lessive

garin sabulun wanki

les bonbons

alewa

les articles ménagers

kayan amfanin gida

les détergents

kayan tsafta

la vendeuse

mai sayarwa

la caisse

haro

le caissier

mai biyan kudi

la liste d'achats

jerin kayan sayayya

les heures d'ouverture

sa'o'in budewa

le portefeuille

alabe

la carte de crédit

katin banki

le sac

jaka

le sac en plastique

jakar roba

l'eau

ruwa

le jus de fruit

ruwan 'ya'yan itace

le lait

madara

le coca

coke

le vin

barasa

la bière

giya

l'alcool

barasa

le chocolat chaud

koko

le thé

shayi

le café

kofi

l'expresso

bakin kofi

le cappuccino

kofi mai madara

la banane

ayaba

la pomme

tufa

l'orange

lemon zaki

le melon

kankana

le citron.

lemon tsami

la carotte

karas

l'ail

tafarnuwa

le bambou

gora

l'oignon

albasa

le champignon

kunnen-jaki

les noisettes

dangin gyada

les pâtes

dangin taliya

les spaghetti

sufageti

le riz

shinkafa

la salade

man salak

les pommes frites

sala-sala

les pommes de terre rôties

soyayyen dankali

la pizza

fiza

le hamburger

hambaga

le sandwich

sanwich

l'escalope

kwan nama

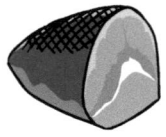

le jambon

naman alade

le salami

salami

la saucisse

kilishin turawa

le poulet

kaza

le rôti

gashi

le poisson

kifi

les flocons d'avoine

kamun oats

le muesli

muesli

les cornflakes

kwamfiles

la farine

fulawa

le croissant

fanke

les petits-pains

yankan burodi

le pain

burodi

le pain grillé

gashi

les biscuits

biskit

le beurre

bota

le fromage blanc

man shanu

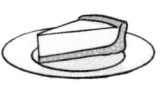

le gâteau

kek

l'œuf

kwai

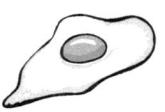

l'œuf au plat

soyayyen kwai

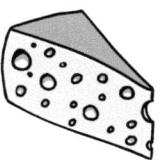

le fromage

cuku

la glace

askirim

le sucre

sikari

le miel

zuma

la confiture

jam

la crème nougat

cakuletin shafawa

le curry

kori

la ferme

gona

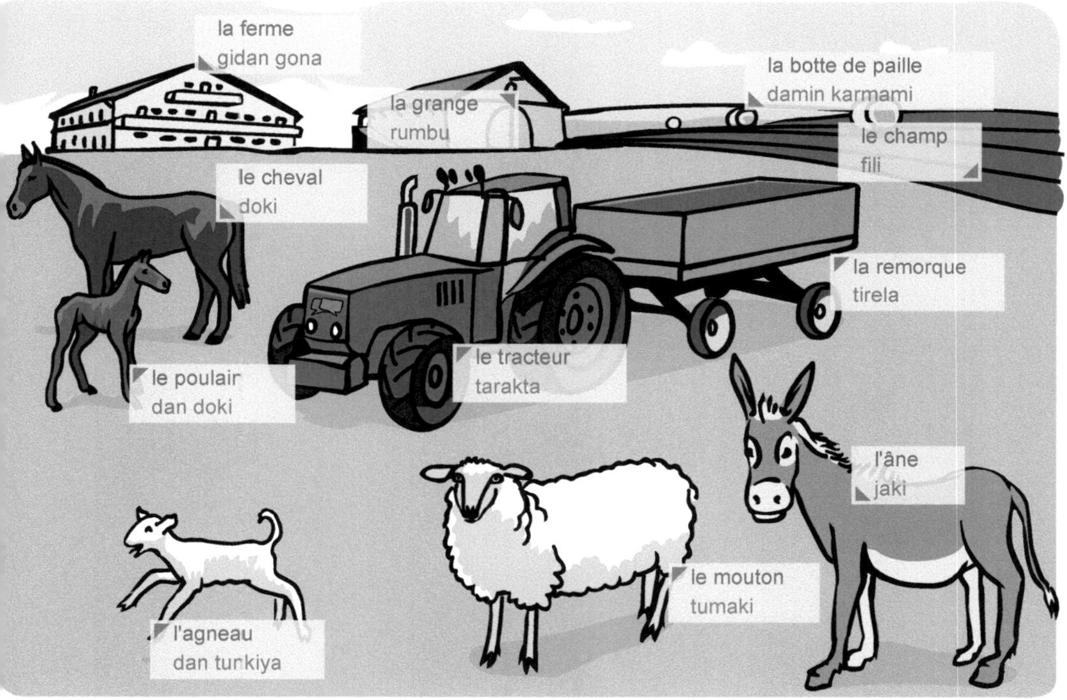
la ferme
gidan gona
la grange
rumbu
la botte de paille
damin karmami
le champ
fili
le cheval
doki
la remorque
tirela
le tracteur
tarakta
le poulair
dan doki
l'âne
jaki
le mouton
tumaki
l'agneau
dan turkiya

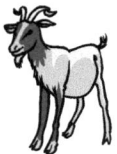

la chèvre

akuya

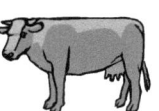

la vache

saniya

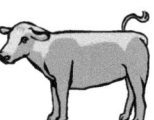

le veau

maraki

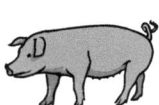

le porc

alade

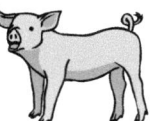

le porcelet

dan alade

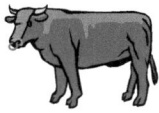

le taureau

bajimi

l'oie

dinya

le canard

agwagwa

le poussin

dan tsako

la poule

kaza

le coq

zakara

le rat

bera

le chat

kyanwa

la souris

bera

le bœuf

takarkari

le chien

kare

le chenil

dakin kare

le tuyau de jardin

bututun lambu

l'arrosoir

bokitin ban-ruwa

la faucheuse

ashasha

la charrue

garma

la faucille

lauje

la pioche

fartanya

la fourche

cebur mai yatsu

la hache

gatari

la brouette

wilbaro

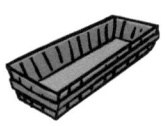

la cuve

mazubin abincin dabbobi

le pot à lait

gwangwanin madara

le sac

buhu

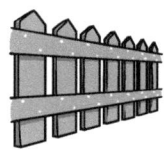

la clôture

shinge

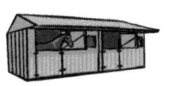

l'étable

barga

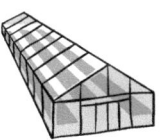

le serre

koren-gida

le sol

rairai

les semences

iri

l'engrais

taki

la moissonneuse-batteuse

injin girbi da sussuka

récolter

girbe

la récolte

girbi

l'igname

doya

le blé

alkama

le soja

waken soya

la pomme de terre

dankali

le maïs

dawa

le colza

furen mai

l'arbre fruitier

bishiyar kayan marmari

le manioc

rogo

les céréales

hatsi

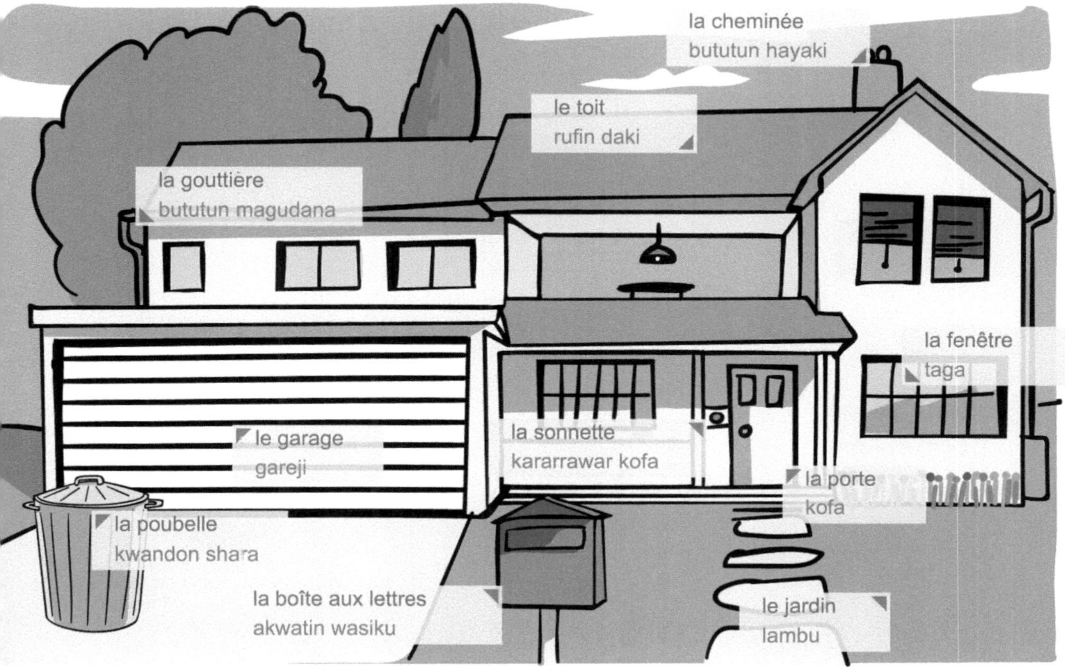

la cheminée
bututun hayaki

le toit
rufin daki

la gouttière
bututun magudana

la fenêtre
taga

le garage
gareji

la sonnette
kararrawar kofa

la porte
kofa

la poubelle
kwandon shara

la boîte aux lettres
akwatin wasiku

le jardin
lambu

le salon

falo

la salle de bain

dakin wanka

la cuisine

kicin

la chambre à coucher

dakin kwana

la chambre d'enfant

dakin yaro

la salle à manger

dakin cin abinci

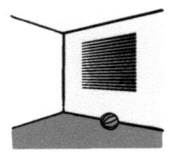

le sol

dabe

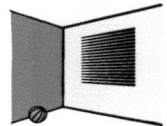

le mur

bango

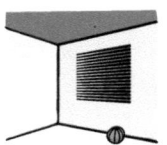

le plafond

sili

la cave

dakin karkashin kasa

le sauna

wurin wankan dumi

le balcon

barandar bene

la terrasse

baranda

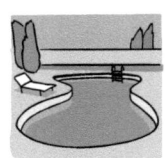

la piscine

gulbin ninkaya

la tondeuse à gazon

injin yanke ciyawa

la housse

kwano

la couette

zanen gado

le lit

gado

le balai

tsintsiya

le sceau

bokiti

l'interrupteur

makunni

le salon
falo

le papier peint
takardar bango
l'image
hoto
la lampe
fitila
l'étagère
kantar littattafai
l'armoire
kabed
la télé
talbijin
la cheminée
wurin wuta
la fleur
fure
le coussin
kushin
le sofa
babbar kujera
le vase
gilashin fure
la télécommande
rimot

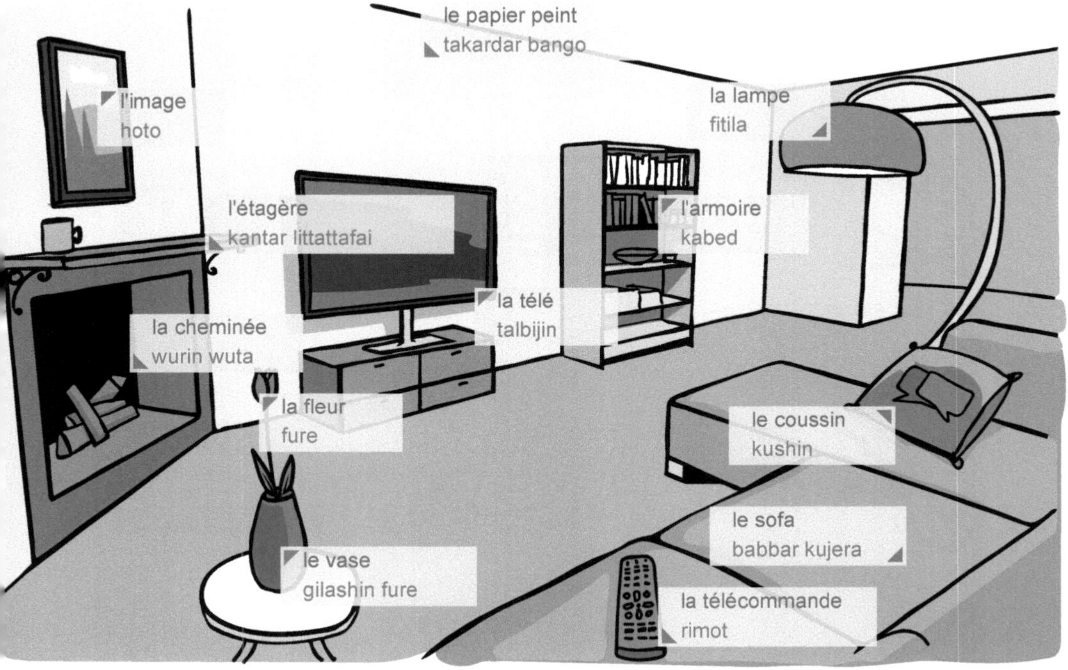

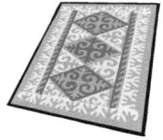

le tapis

darduma

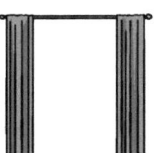

le rideau

labule

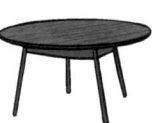

la table

teburi

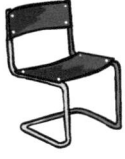

la chaise

kujera

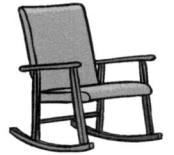

la chaise à bascule

kujera mai shillo

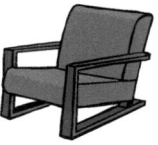

le fauteuil

kujera mai hannu

le livre

littafi

la couverture

bargo

la décoration

kwalliya

le bois de chauffage

itacen girki

le film

fim

la chaîne hi-fi

kayan hi-fi

la clé

makulli

le journal

jarida

la peinture

zanen fenti

le poster

fasta

la radio

rediyo

le bloc-notes

takardar rubutu

l'aspirateur

na'urar share darduma

le cactus

murtsunguwa

la bougie

kyandir

la cuisine
kicin

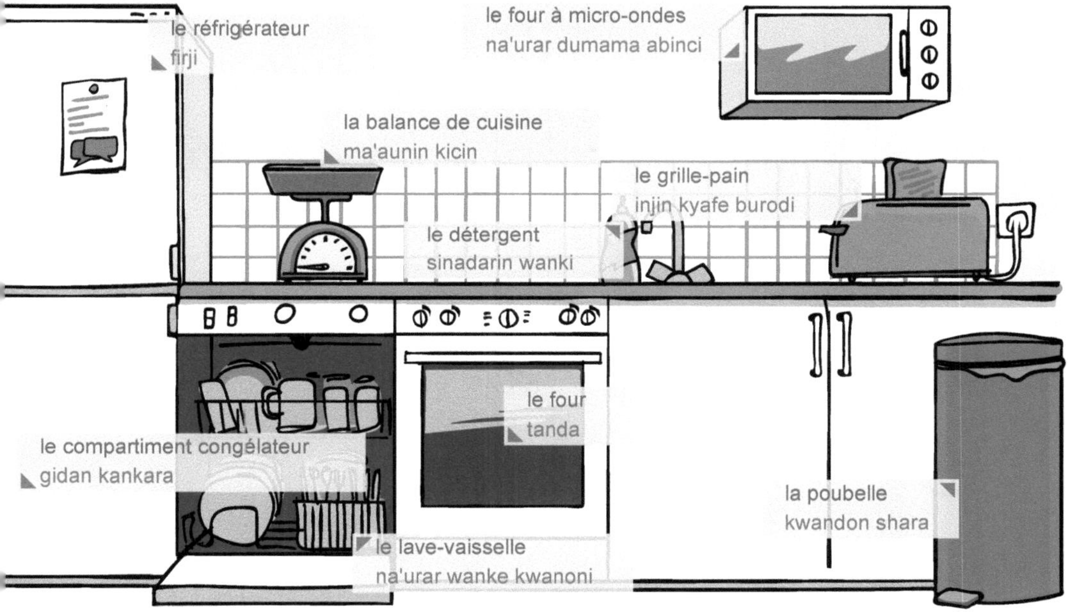
le réfrigérateur
firji
le four à micro-ondes
na'urar dumama abinci
la balance de cuisine
ma'aunin kicin
le grille-pain
injin kyafe burodi
le détergent
sinadarin wanki
le four
tanda
le compartiment congélateur
gidan kankara
la poubelle
kwandon shara
le lave-vaisselle
na'urar wanke kwanoni

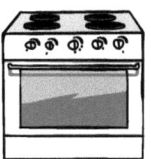

le four

cooker

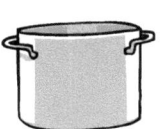

la casserole

tukunya

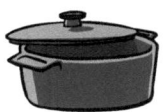

la marmite

tukunyar alminiyum

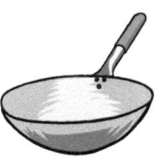

le wok / kadai

kwanon suya

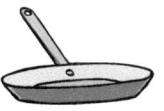

la poêle

kwanan suya

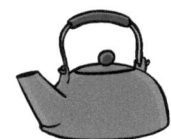

la bouilloire electrique

buta

le cuiseur vapeur

tukunyar dumi

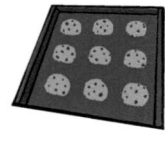

la plaque de cuisson

kwanan gashi

la vaisselle

kayan tangaran

le gobelet

tambulan

la coupe

kwano

les baguettes

tsinkayen cin abinci

la louche

ludayi

la spatule

ludayin suya

le fouet

makadin kwai

la passoire

rariya

le tamis

mataci

la râpe

na'urar nika

le mortier

turmi

le barbecue

balangu

la cheminée

wutar sarari

la planche à découper

katakon yanke-yanke

le rouleau à pâtisserie

katakon murji

le tire-bouchon

mabudin kwalba

la boîte

gwangwani

l'ouvre-boîte

mabudin gwangwani

les maniques

hannun tukunya

le lavabo

wurin wanke-wanke

la brosse

burushi

l'éponge

soso

le mixeur

bilenda

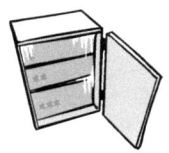

le congélateur

babban gidan kankara

le biberon

bulumboti

le robinet

famfo

la salle de bain

dakin wanka

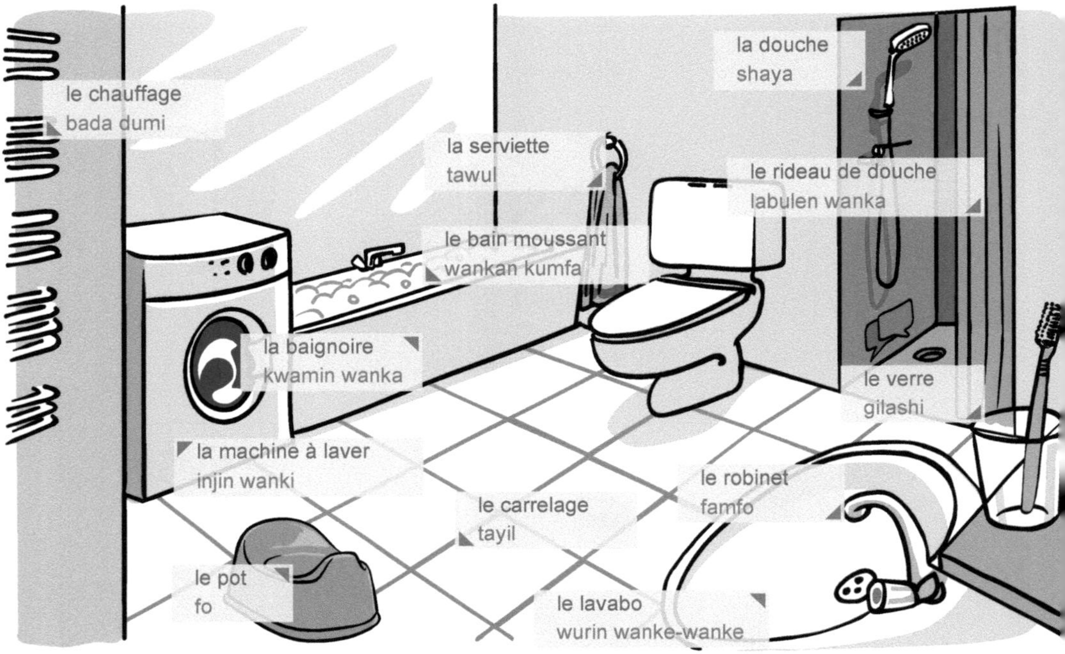
le chauffage
bada dumi
la serviette
tawul
la douche
shaya
le rideau de douche
labulen wanka
le bain moussant
wankan kumfa
la baignoire
kwamin wanka
le verre
gilashi
la machine à laver
injin wanki
le robinet
famfo
le carrelage
tayil
le pot
fo
le lavabo
wurin wanke-wanke

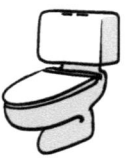

les toilettes

bandaki

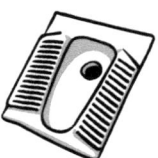

la toilette à la turque

bandakin tsuguno

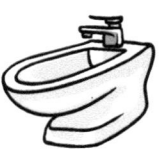

le bidet

kwamin tsarki

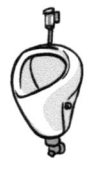

l'urinoir

wurin fitsari

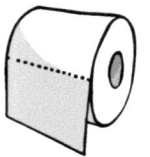

le papier toilette

takardar bandaki

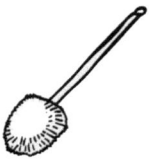

la brosse à toilette

burushin bandaki

la brosse à dents

burushin hakori

le dentifrice

man hakori

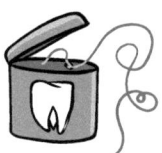

le fil dentaire

zaren sakace

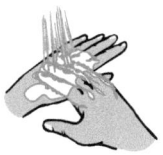

laver

wanke

la douche manuelle

shayar hannu

la douche intime

wankin farji

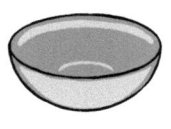

la vasque

kwamin wanke hannu

la brosse dorsale

burushin wanke baya

le savon

sabulu

le gel douche

ruwan sabulun wanka

le shampooing

man gyaran gashi

le gant de toilette

tsumman wanka

l'écoulement

lambatu

la crème

kirim

le déodorant

turaren kamshi

le miroir

madubi

le miroir cosmétique

madubin hannu

le rasoir

reza

la mousse à raser

man yaran fuska

l'après-rasage

man aski

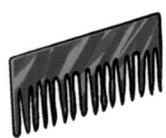

la peigne

mataji

la brosse

burushi

le sèche-cheveux

na'urar busar da gashi

la laque pour cheveux

man gashi

le fond de teint

kwalliya

le rouge à lèvres

jan-baki

le vernis à ongles

man farce

l'ouate

audugar goge kunne

le coupe-ongles

almakashin yankan farce

le parfum

turare

la trousse de toilette

jakar wanka

le tabouret

bahaya

le pèse-personne

ma'aunin nauyi

le peignoir

rigar wanka

les gants de nettoyage

safar roba

le tampon

audugar haila

les serviettes hygiéniques

audugar mata

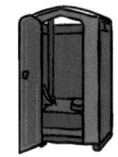

la toilette chimique

bandakin tafi-da-gidanka

la chambre d'enfant

dakin yaro

le réveil
agogo mai kararrawa
le doudou
yartsanar tsumma
la voiture jouet
motar wasan yara
le hochet
kara
la maison de poupée
gidan 'yartsana
le cadeau
kyauta

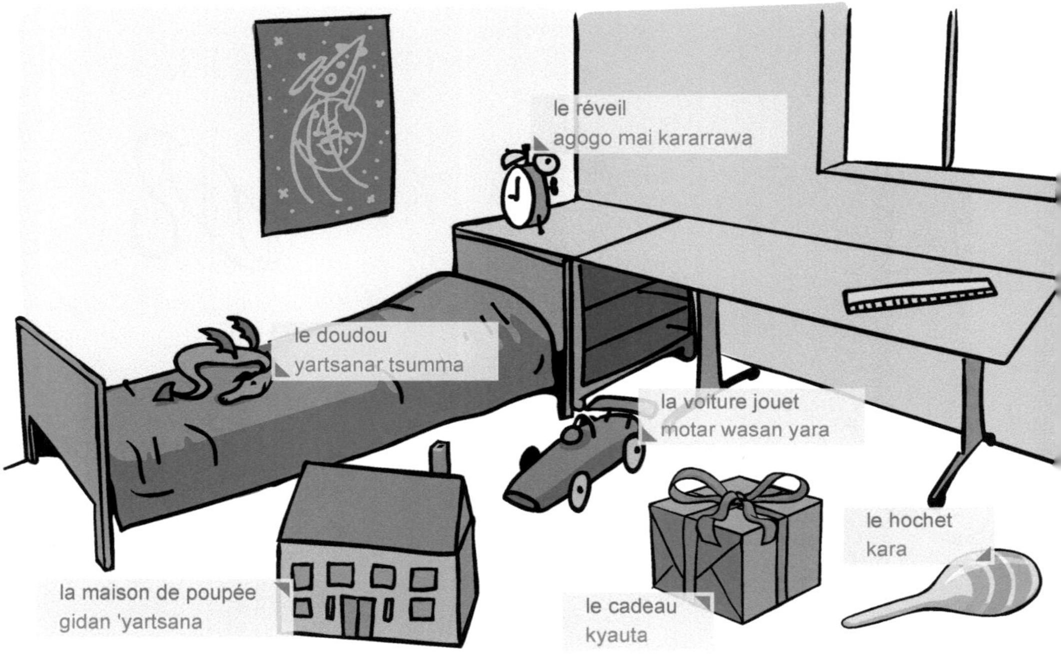

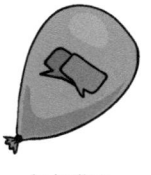

le ballon

balo

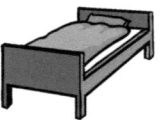

le lit

gado

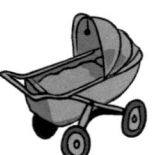

la poussette

keken jarirai

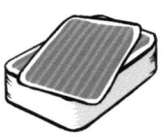

le jeu de cartes

benen kwalaye

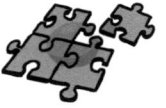

le puzzle

wasa kwakwalwa

SUPER
MEGA

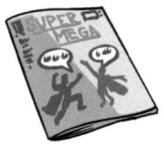

la bande dessinée

ban dariya

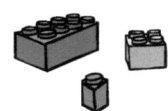

les pièces lego

tubalan roba

les blocs de construction

tubalan gini

la figurine

mutum-mai-aiki

la grenouillère

rigar jariri

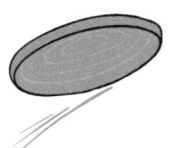

le frisbee

Dokin iska

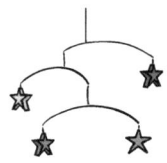

le mobile

tafi-da-gidanka

le jeu de société

wasan dara

le dé

dan ludo

le train miniature

zubin kwatancin jirgin kasa

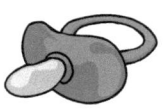

la sucette

mutum-mutumi

la fête

walima

le livre d'images

littafi mai hotuna

la balle

kwallo

la poupée

yartsana

jouer

yi wasa

le bac à sable

akwatin yashi

la balançoire

lilo

les jouets

kayan wasan yara

la console de jeu

allon wasannin bidiyo

le tricycle

babur mai taya uku

l'ours en peluche

yartsanar tsumma

l'armoire

wadirob

les vêtements
tufafi

les chaussettes

safa

les bas

sitokins

le collant

matse-jiki

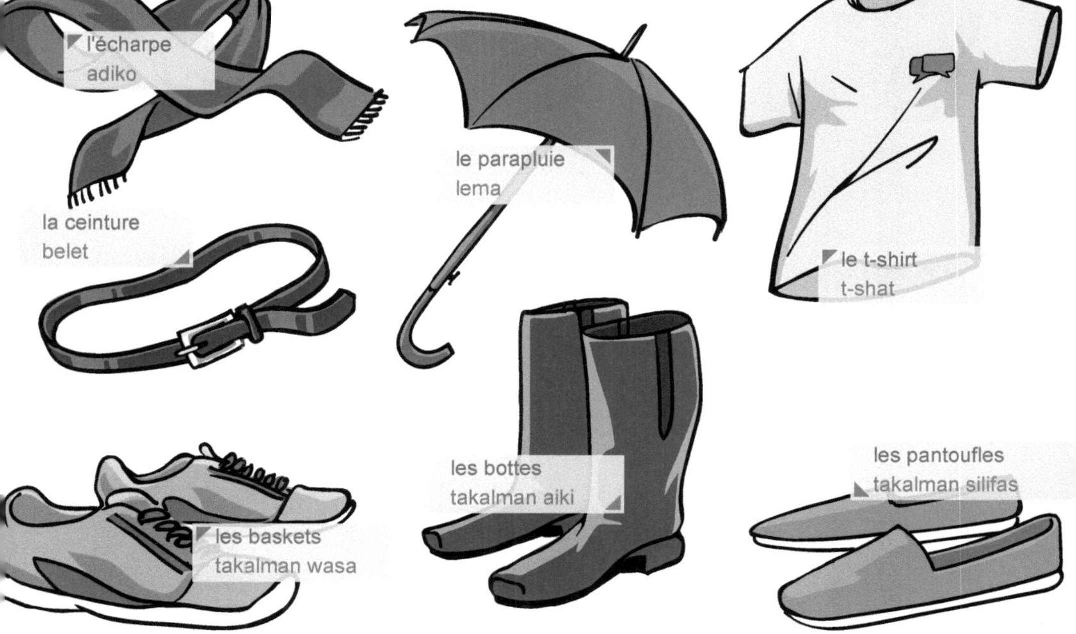

l'écharpe
adiko

le parapluie
lema

le t-shirt
t-shat

la ceinture
belet

les bottes
takalman aiki

les pantoufles
takalman silifas

les baskets
takalman wasa

les sandales

takalman sandal

les chaussures

takalma

les bottes de caoutchouc

takalman roba

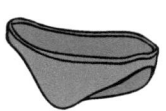

les sous-vêtements

kamfai

le soutien-gorge

rigar nono

le maillot de corps

falmaran

le body
jiki

le pantalon
wando

le jean
jeans

la jupe
dantofi

le chemisier
rigar mata

la chemise
karamar riga

le pull
riga mai hula

le sweat à capuche
hular riga

la veste
bileza

la veste
jaket

le manteau
kwat

l'imperméable
rigar ruwa

le costume
kayan yayi

la robe
kayan sawa

la robe de mariée
rigar aure

le costume

kwat da wando

la chemise de nuit

rigar dare

le pyjama

kayan barci

le sari

sari

le foulard

dankwali

le turban

rawani

la burqa

hijabi

le caftan

kaftani

l'abaya

abaya

le maillot de bain

rigar iyo

le maillot de bain

wandon wasa

le short

gajeran wando

la tenue d'entraînement

kayan wasanni

le tablier

kyallen aiki

les gants

safar hannu

le bouton

maballi

les lunettes

tabarau

le bracelet

awarwaro

le collier

tsakiya

la bague

zobe

la boucle d'oreille

dan kunne

le bonnet

hula

le cintre

maratayin kwat

le chapeau

malafa

la cravate

lakataya

la fermeture éclair

zi

le casque

hular kwano

les bretelles

masu daidaita hakori

l'uniforme scolaire

kayan makaranta

l'uniforme

yunifom

le bavoir

kyallen cin abincin jariri

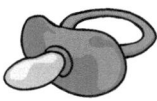

la sucette

mutum-mutumi

la lange

kunzugu

le bureau
ofis

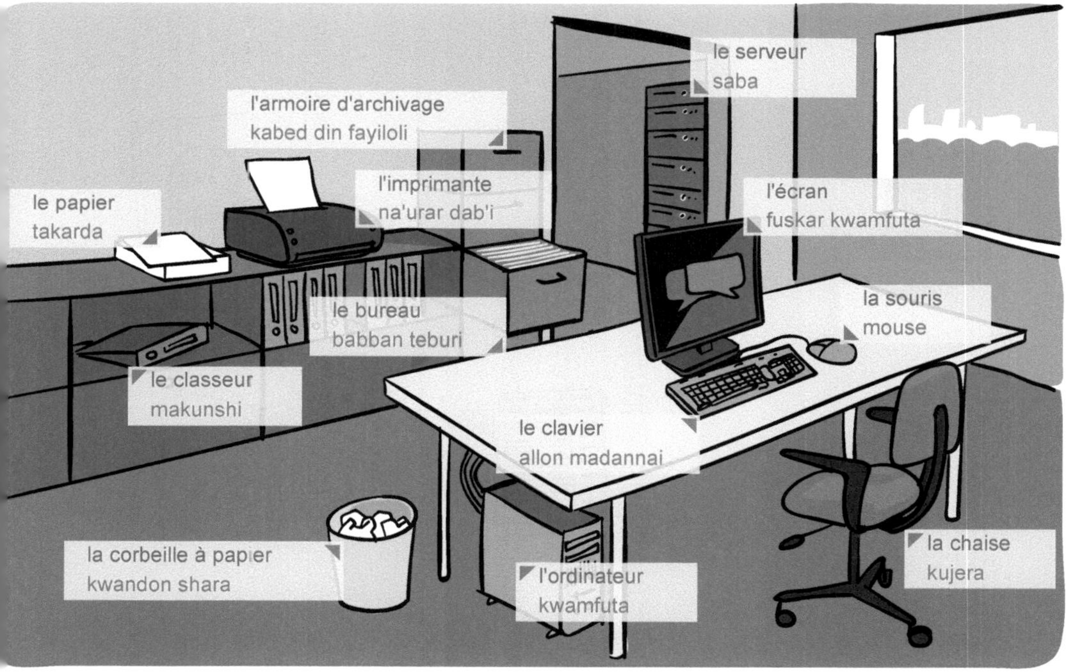

l'armoire d'archivage
kabed din fayiloli

le serveur
saba

l'imprimante
na'urar dab'i

le papier
takarda

l'écran
fuskar kwamfuta

le bureau
babban teburi

la souris
mouse

le classeur
makunshi

le clavier
allon madannai

la corbeille à papier
kwandon shara

l'ordinateur
kwamfuta

la chaise
kujera

la tasse de café

tambulan kofi

la calculatrice

kwakuleta

l'internet

intanet

l'ordinateur portable
laptop

la lettre
wasika

le message
sako

le portable
tafi-da-gidanka

le réseau
sadarwa

la photocopieuse
na'urar hoton takarda

le logiciel
kwakwalwar kwamfuta

le téléphone
tarho

la prise
jona soket

le fax
na'urar faks

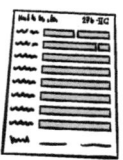

le formulaire
fom

le document
daftari

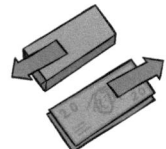

acheter
sayi

payer
biya

faire du commerce
yi ciniki

la monnaie
kudi

 **USD**

le dollar
dala

 **EUR**

l'euro
euro

 **JPY**

le yen
yen

 **RUB**

le rouble
robul

 **CHF**

le franc suisse
franc na Swiss

 **CNY**

le renminbi yuan
renminbi yuan

 **INR**

la roupie
rupee

le distributeur automatique

injin bada kudi

le bureau de change

gidan canjin kudi

l'or

zinare

l'argent

azurfa

le pétrole

mai

l'énergie

makamashi

le prix

farashi

le contrat

matuntuba

la taxe

haraji

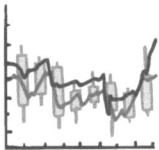

l'action

kaya

travailler

yi aiki

l'employé

ma'aikaci

l'employeur

mai daukar ma'aikata

l'usine

masana'anta

le magasin

kanti

les professions
sana'o'i

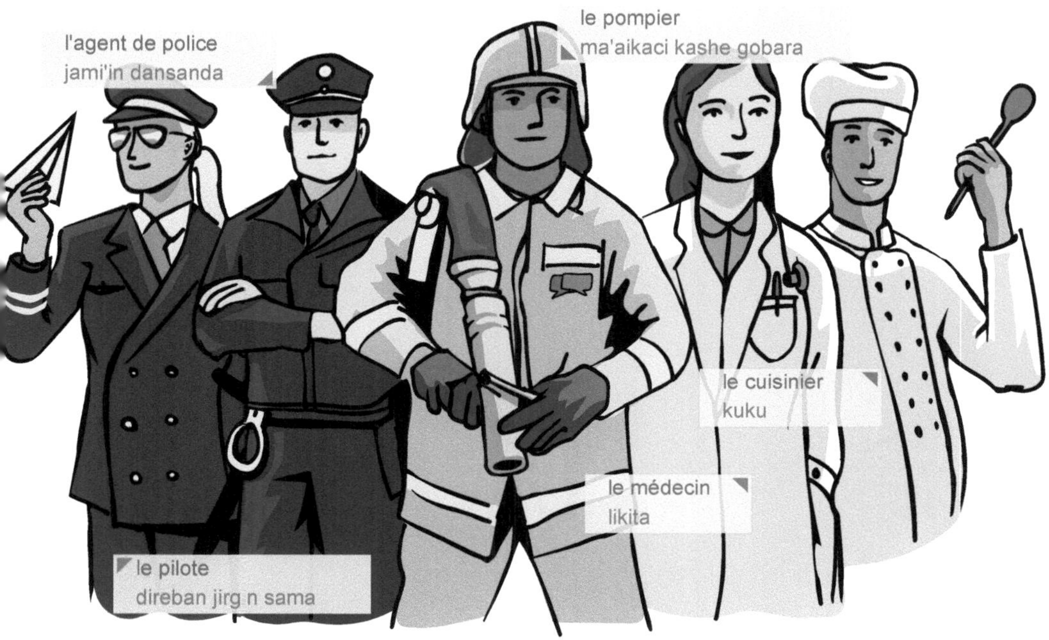
le pompier
ma'aikaci kashe gobara
l'agent de police
jami'in dansanda
le cuisinier
kuku
le médecin
likita
le pilote
direban jirg n sama

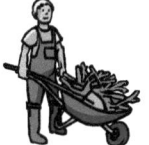

le jardinier
mai aikin lambu

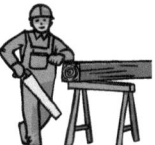

le menuisier
kafinta

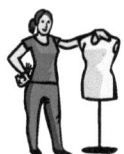

la couturière
mace mai dinki

le juge
alkali

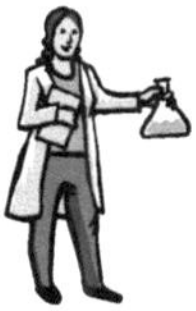

le chimiste
mai hada magunguna

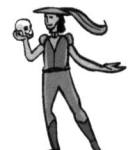

l'acteur
jarumi

le conducteur de bus

direban bas

le chauffeur de taxi

direban tasi

le pêcheur

masunci

la femme de ménage

mace mai shara

le couvreur

mai aikin rufi

le serveur

sabis

le chasseur

mafarauci

le peintre

mai fenti

le boulanger

mai yin burodi

l'électricien

mai gyaran lantarki

l'ouvrier

magini

l'ingénieur

injiniya

le boucher

mahauci

le plombier

mai gyaran famfo

le facteur

mai raba wasiku

le soldat

soja

l'architecte

mai zayyanar gidaje

le caissier

mai biyan kudi

le fleuriste

mai sayar da furanni

le coiffeur

mai gyaran gashi

le contrôleur

mai kida

le mécanicien

bakanike

le capitaine

kyaftin

le dentiste

likitan hakori

le scientifique

masanin kimiyya

le rabbin

limamin yahudu

l'imam

liman

le moine

mai ibadar kirista

le prêtre

malamin addini

les outils
kayan aiki

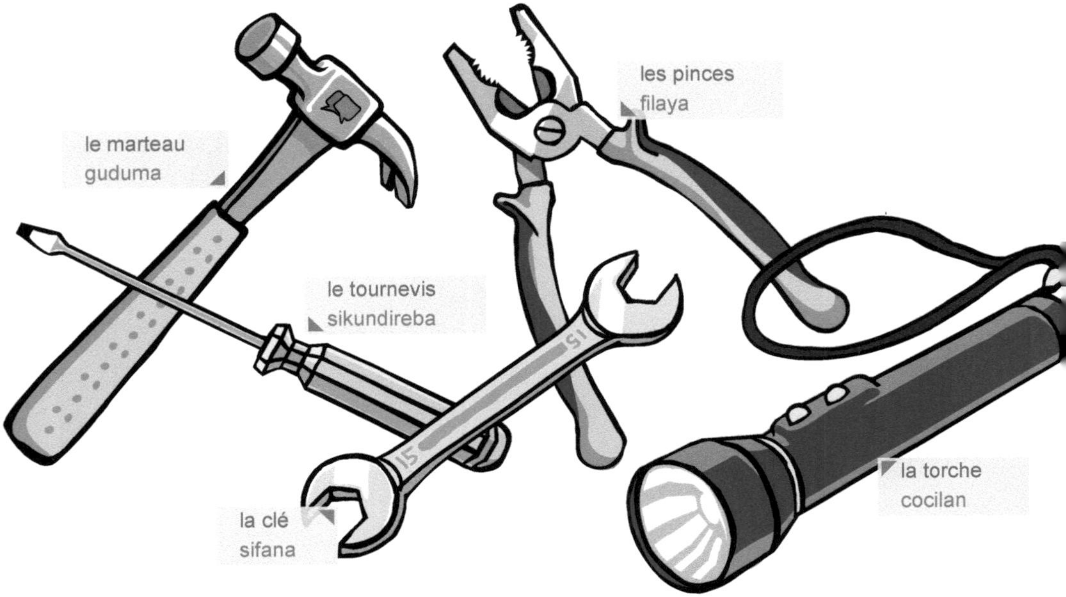

le marteau
guduma
les pinces
filaya
le tournevis
sikundireba
la clé
sifana
la torche
cocilan

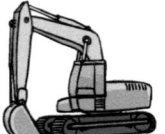

la pelleteuse

diga

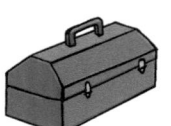

la boîte à outils

akwatin kayan aiki

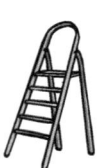

l'échelle

tsani

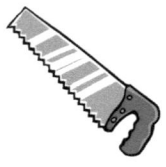

la scie

zarto

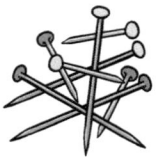

les clous

kusoshi

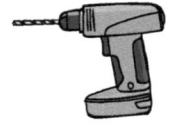

la perceuse

abin hudawa

réparer

gyara

la pelle

chebur

Mince !

Tafdi!

la pelle

makwashin shara

le pot de peinture

tukunyar fenti

les vis

kusoshi masu barima

les instruments de musique
kayan kida

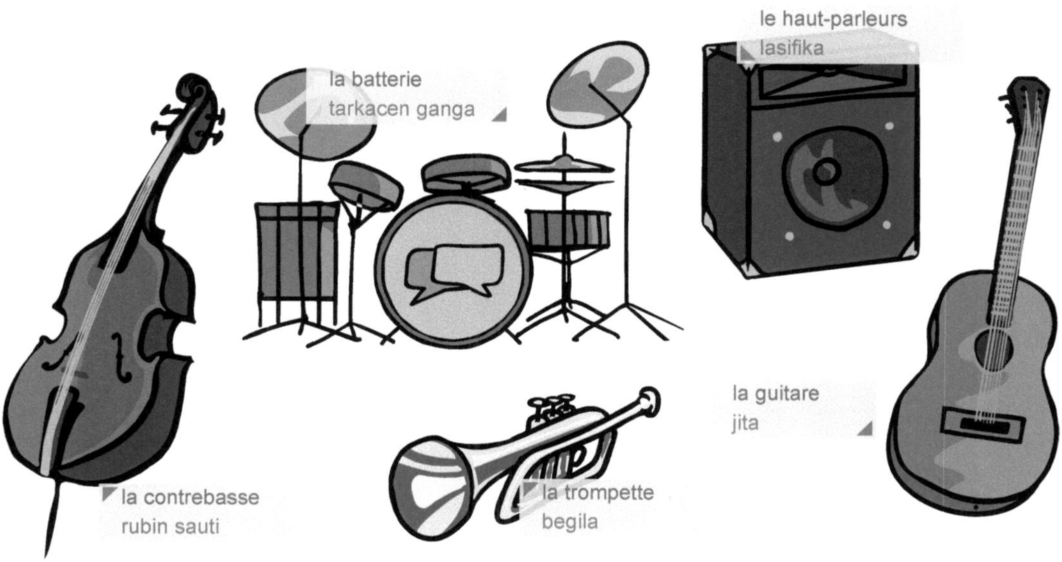

le haut-parleurs
lasifika

la batterie
tarkacen ganga

la guitare
jita

la contrebasse
rubin sauti

la trompette
begila

le piano

fiyano

le violon

goge

la basse

karamin sauti

les timbales

gangunan timpani

le tambour

ganguna

le piano électrique

masarrafin fiyano

le saxophone

saxophone

la flûte

sarewa

le microphone

makirfo

l'entrée
mashigi

le tigre
damisar tiger

la cage
keji

le zèbre
jakin dawa

l'alimentation animale
abincin dabbobi

le panda
panda

les animaux

dabbobi

l'éléphant

giwa

le kangourou

babba-da-jaka

le rhinocéros

karkanda

le gorille

goggon biri

l'ours

dabbar bear

le chameau

rakumi

l'autruche

jimina

le lion

zaki

le singe

biri

le flamand rose

dinya

le perroquet

aku

l'ours polaire

bear ta yankin kankara

le pingouin

penguin

le requin

kifin shark

le paon

dawisu

le serpent

maciji

le crocodile

kada

le gardien de zoo

mai tsaro zu

le phoque

seal

le jaguar

damisar jaguar

le poney

dukushi

le léopard

damisar leopard

l'hippopotame

mugun dawa

la girafe

rakumin dawa

l'aigle

mikiya

le sanglier

aladen daji

le poisson

kifi

la tortue

kunkuru

le morse

walrus

le renard

dila

la gazelle

barewa

l'american Football
kwallon kafar Amurka

le cyclisme
tseren keke

le tennis
wasan tennis

le basket-ball
kwallon kwando

la natation
ninkaya

la boxe
dambe

le hockey sur glace
kwallon gora na cikin kan

le football
kwallon kafa

le badminton
badiminton

l'athlétisme
wasannin motsa jiki

le handball
kwallon hannu

le ski
wasan kan kankara

le polo
kwallon dawaki

les activités
harkoki

sauter
yi tsalle
embrasser
rungumi
rire
yi dariya
marcher
yi tattaki
chanter
rera waka
rêver
mafarki
prier
yi addu'a
faire la bise
sumbaci

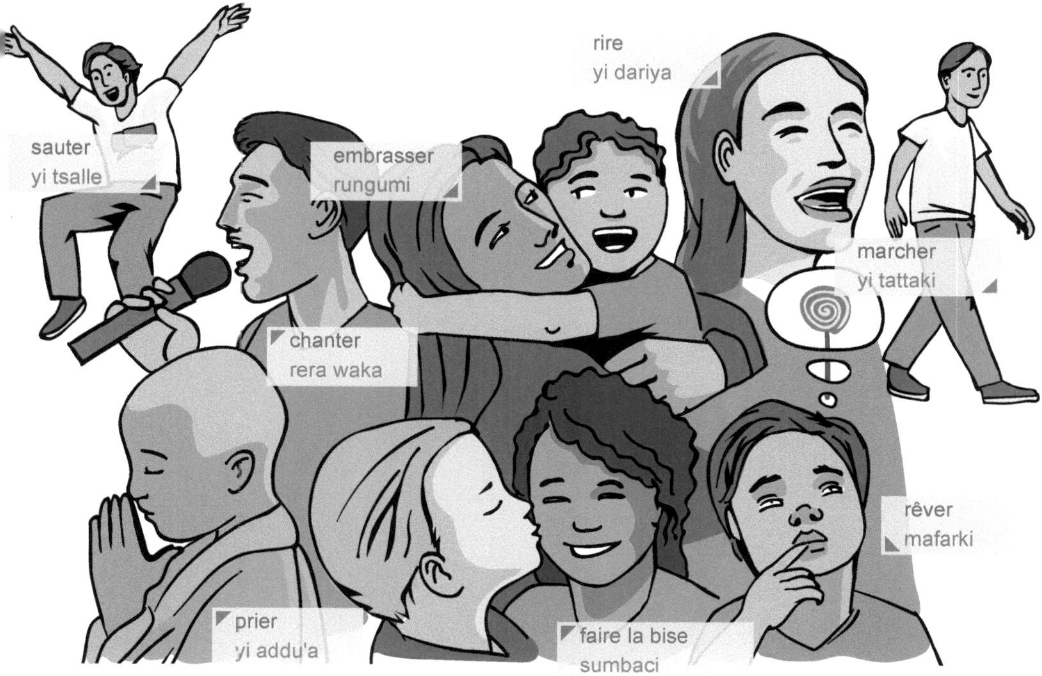

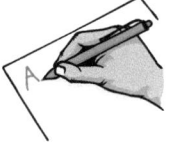

écrire

rubuta

dessiner

zana

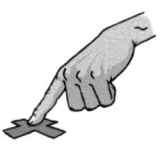

montrer

nuna

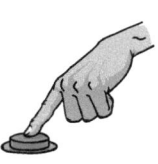

pousser

tura

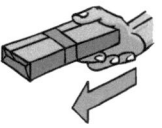

donner

bayar

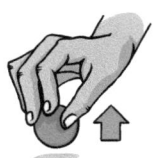

prendre

dauki

avoir

sami

faire

yi

être

kasance

être debout

tsaya

courir

gudu

trier

jawo

jeter

jefa

tomber

faduwa

être couché

yi karya

attendre

jira

porter

dauki

être assis

zauna

s'habiller

sanya tufafi

dormir

yi barci

se réveiller

farka

regarder

kalli

pleurer

kuka

caresser

bugi

peigner

taje

parler

yi magana

comprendre

fahimci

demander

tambayi

écouter

saurari

boire

sha

manger

ci

ranger

tattare

aimer

yi soyayya

cuire

dafa

conduire

yi tuki

voler

tashi

les activités - harkoki

faire de la voile

tafi a kwalekwale

calculer

kwakuleta

lire

karanta

apprendre

koyi

travailler

yi aiki

se marier

yi aure

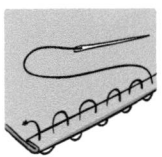

coudre

dinka

brosser les dents

goge hakora

tuer

kashe

fumer

busa taba

envoyer

aika

la famille
iyali

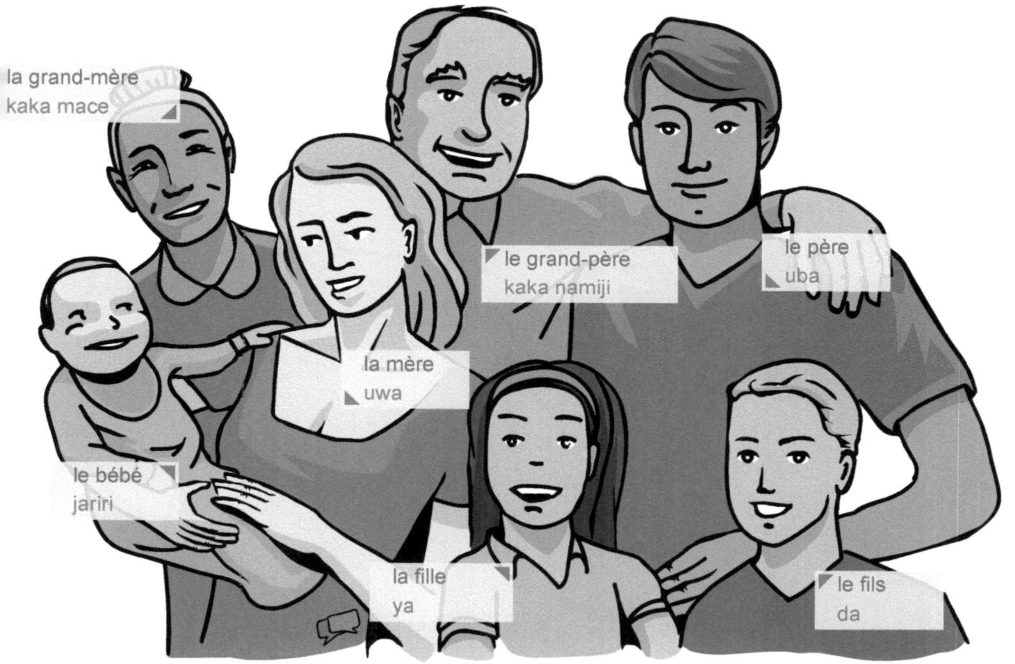
la grand-mère
kaka mace
le grand-père
kaka namiji
le père
uba
la mère
uwa
le bébé
jariri
la fille
ya
le fils
da

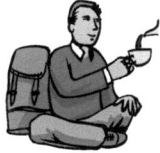

l'hôte

bako

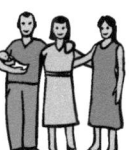

la tante

gwaggo

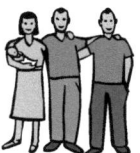

l'oncle

kawu

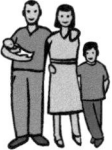

le frère

dan'uwa

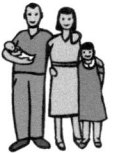

la sœur

yar'uwa

le front
goshi

l'œil
ido

le visage
fuska

le menton
ha'ba

la poitrine
nono

l'épaule
kafada

le doigt
yatsa

la main
hannu

la jambe
kafa

le bras
damtse

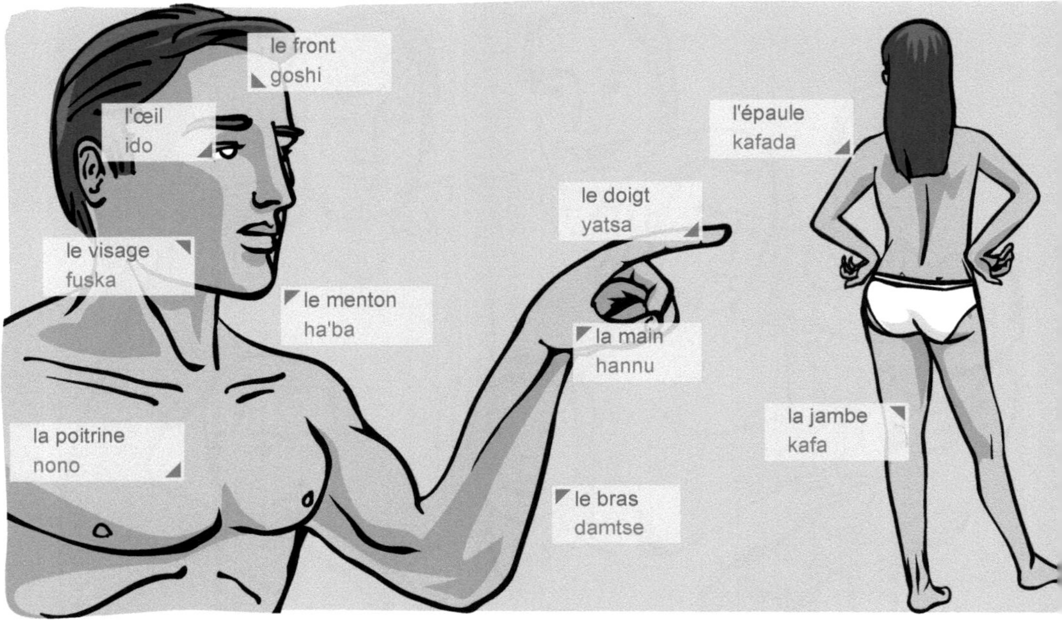

le bébé

jariri

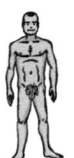

l'homme

mutum

l'homme
mace

la femme

mace

la fille

yarinya

le garçon

yaro

la tête

kai

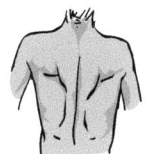

le dos

baya

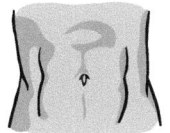

le ventre

tulun ciki

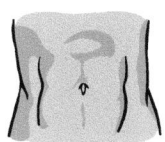

le nombril

maballin ciki

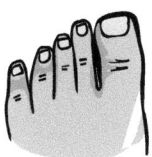

l'orteil

yatsan kafa

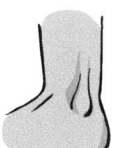

le talon

dudduge

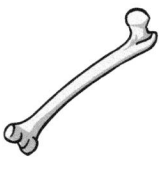

l'os

kashi

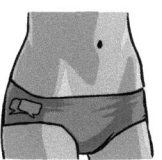

la hanche

kugu

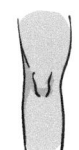

le genou

guiwa

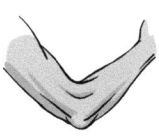

le coude

guiwar hannu

le nez

hanci

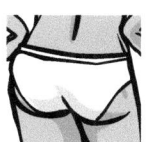

les fesses

kasa

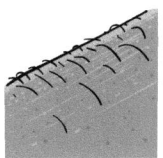

la peau

fata

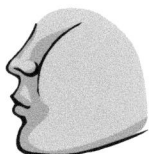

la joue

kumatu

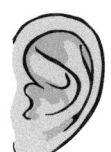

l'oreille

kunne

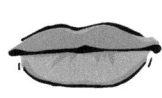

la lèvre

lebe

la bouche

wata

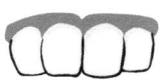

la dent

hakori

la langue

harshe

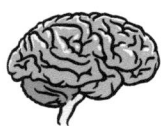

le cerveau

kwakwalwa

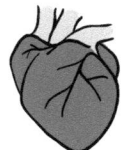

le cœur

zuciya

le muscle

kwanji

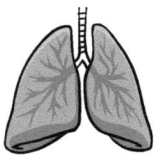

les poumons

huhu

le foie

hanta

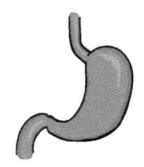

l'estomac

ciki

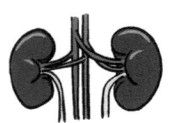

les reins

koda

le rapport sexuel

jima'i

le préservatif

kwaroron roba

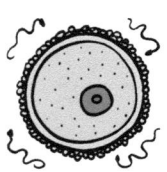

l'ovule

kwan mahaifa

le sperme

maniyyi

la grossesse

juna-biyu

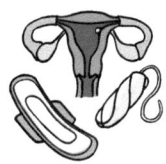

la menstruation

haila

le vagin

farji

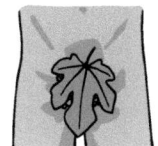

le pénis

zakari

le sourcil

gira

les cheveux

gashi

le cou

wuya

l'hôpital
asibiti

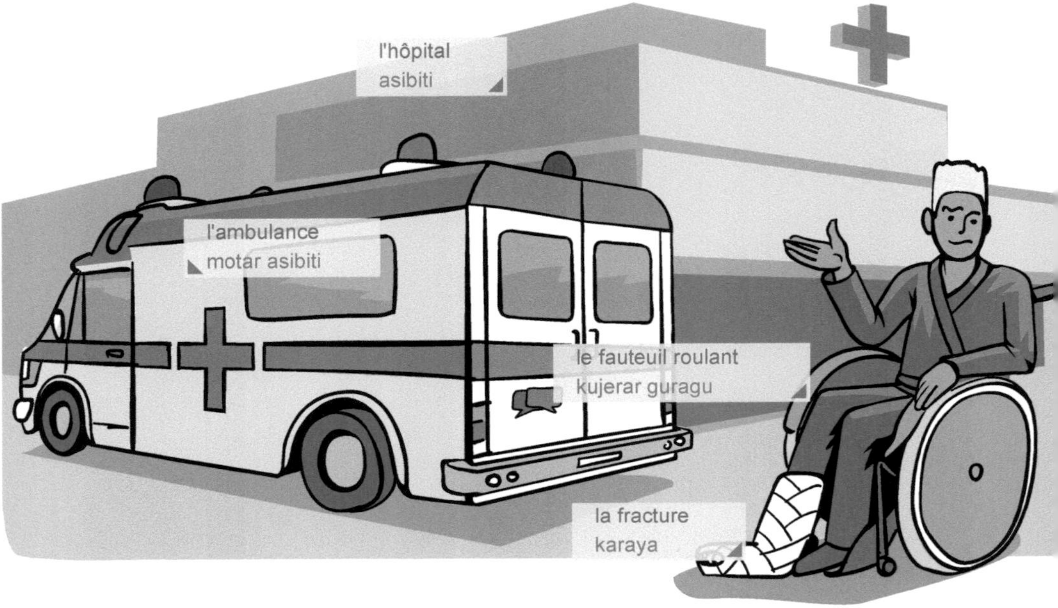

l'hôpital
asibiti
l'ambulance
motar asibiti
le fauteuil roulant
kujerar guragu
la fracture
karaya

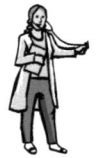

le médecin

likita

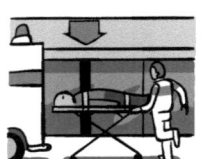

le service des urgences

dakin kulawar gaggawa

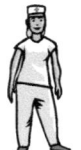

l'infirmière

ma'aikaciyar jinya

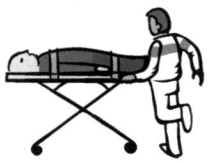

l'urgence

na gaggawa

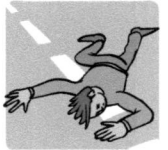

inconscient

magashiyyan

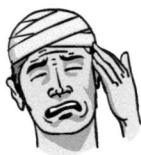

la douleur

radadi

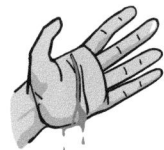

la blessure

rauni

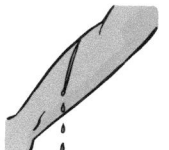

l'hémorragie

zubar jini

la crise cardiaque

bugun zuciya

l'attaque cérébrale

bugun jini

l'allergie

kyan-jiki

la toux

tari

la fièvre

zazzabi

la grippe

mura

la diarrhée

gudawa

le mal de tête

ciwon kai

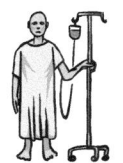

le cancer

cutar sankara

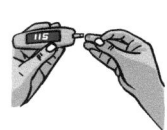

le diabète

ciwon suga

le chirurgien

likitan tiyata

le scalpel

wukar likita

l'opération

tiyata

le CT

CT

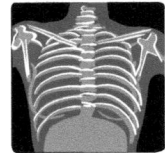

la radiographie

hoton kirji

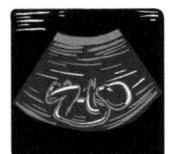

l'échographie

hoton ciki

le masque

marufin fuska

la maladie

cuta

la salle d'attente

dakin jira

la béquille

madogari

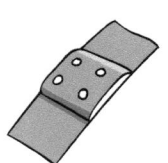

le pansement

filasta

le pansement

bandeji

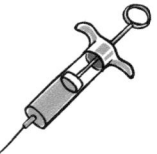

l'injection

allura

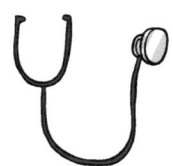

le stéthoscope

na'urar awon zuciya

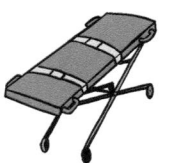

le brancard

gadon daukar marar lafiya

le thermomètre

na'urar auna zafin jiki

l'accouchement

haihuwa

la surcharge pondérale

yawan nauyi

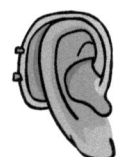

l'appareil auditif

abin kara ji

le désinfectant

sinadarin kashe kwayoyin cuta

l'infection

kamuwar cuta

le virus

kwayar cuta

le VIH / le sida

Cutar Kanjamau

le médicament

magani

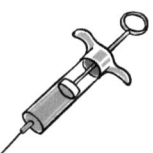

la vaccination

riga-kafi

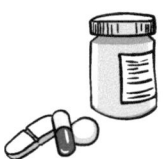

les comprimés

kwayoyin magani

la pilule

magani

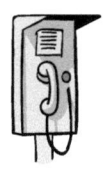

l'appel d'urgence

kiran gaggawa

le tensiomètre

ma'aunin hawan jini

malade / sain

cuta / lafiya

Au secours !

Taimako!

l'alarme

kararrawa

l'assaut

farmaki

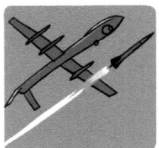

l'attaque

hari

le danger

hatsari

la sortie de secours

kofar ko-takwana

Au feu!

Wuta!

l'extincteur

abin kashe wuta

l'accident

hadari

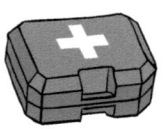

la trousse de premier secours

kayan taimakon gaggawa

SOS

Neman taimako

la police

dansanda

l'Europe

Turai

l'Amérique du Nord

Amurka ta Arewa

l'Amérique du Sud

Amurka ta Kudu

l'Afrique

Afirka

l'Asie

Asiya

l'Australie

Australia

l'Océan atlantique

Atlantika

l'Océan pacifique

Pacific

l'Océan indien

Tekun Indiya

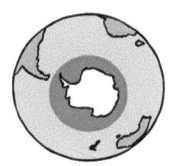

l'Océan antarctique

Tekun Antatika

l'Océan arctique

Tekun Arctic

le Pôle nord

Barin duniya na Arewa

le Pôle sud

Barin duniya na Kudu

l'Antarctique

Antatika

la terre

Kasa

le pays

tsandauri

la mer

kogi

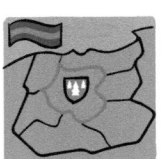

l'île

tsibiri

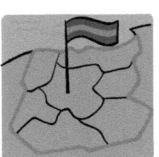

la nation

kasa

l'état

jiha

le cadran

fuskar agogo

l'aiguille des heures

hannun awa

l'aiguille des minutes

hannun mintuna

l'aiguille des secondes

hannun dakika

Quelle heure est-il ?

Karfe nawa yanzu?

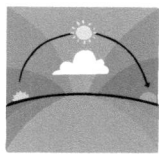

le jour

rana

le temps

lokaci

maintenant

yanzu

la montre digitale

agogon dijita

la minute

minti

l'heure

awa

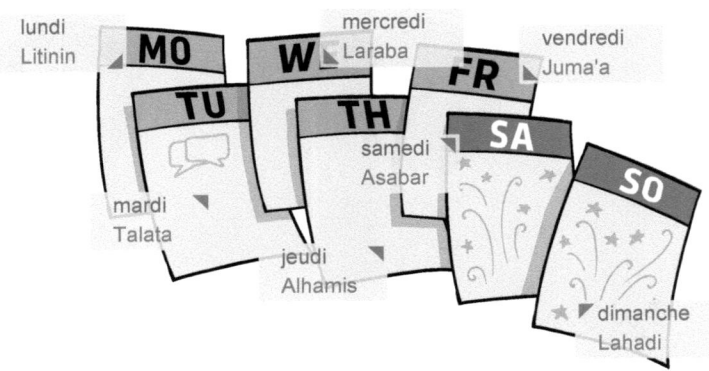

lundi
Litinin

mardi
Talata

mercredi
Laraba

jeudi
Alhamis

vendredi
Juma'a

samedi
Asabar

dimanche
Lahadi

hier

jiya

aujourd'hui

yau

demain

gobe

le matin

safiya

le midi

tsakar rana

le soir

yamma

les jours ouvrables

ranakun kasuwanci

le week-end

karshen mako

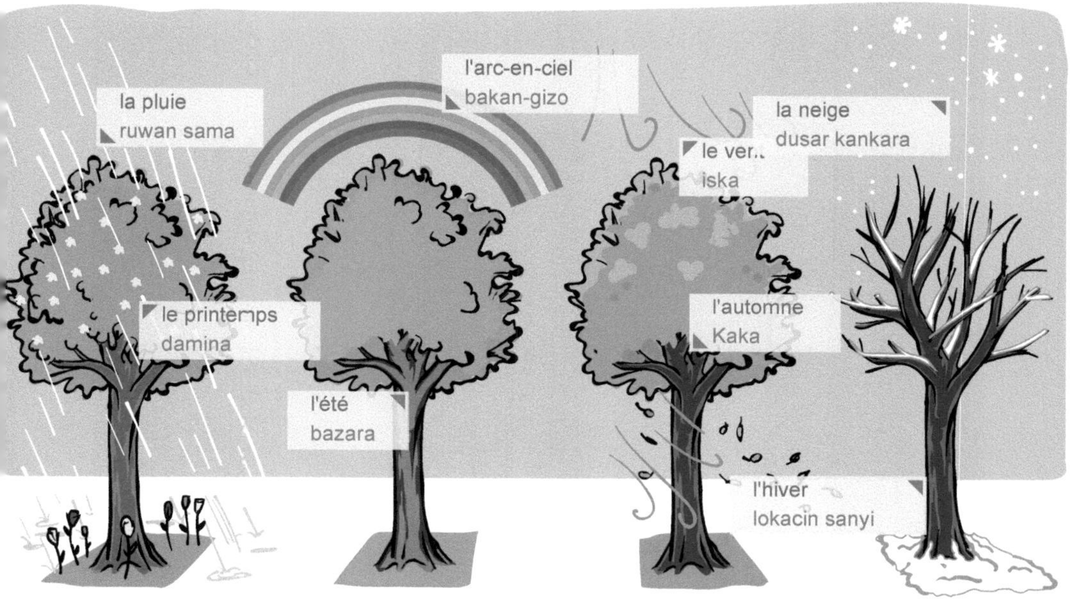

la pluie
ruwan sama

l'arc-en-ciel
bakan-gizo

la neige
dusar kankara

le vent
iska

le printemps
damina

l'automne
Kaka

l'été
bazara

l'hiver
lokacin sanyi

4.APRIL	11°	☀
5.APRIL	4°	⛅
6.APRIL	13°	⛅
7.APRIL	8°	☀
8.APRIL	10°	☀

la météo

hasashen yanayi

le thermomètre

na'urar gwajin zafi da sanyi

la lumière du soleil

hasken rana

le nuage

gajimare

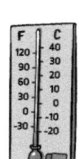

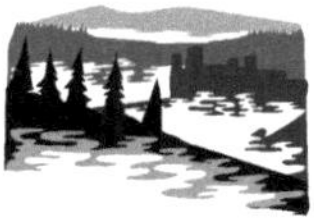

le brouillard

hazo

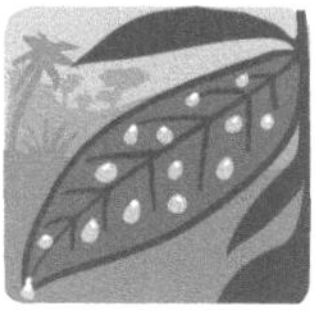

l'humidité

dumi

la foudre

walkiya

la tonnerre

aradu

la tempête

guguwa

la grêle

kankarar ruwan sama

la mousson

iskar bazara

l'inondation

ambaliyar ruwa

la glace

kankara

janvier

Janairu

février

Fabarairu

mars

Maris

avril

Afirilu

mai

Mayu

juin

Yuni

juillet

Yuli

août

Agusta

septembre
....
Satumba

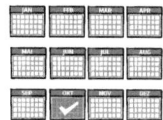

octobre
....
Oktoba

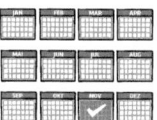

novembre
....
Nuwamba

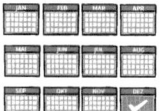

décembre
....
Disamba

les formes
siffofi

le cercle
....
da'ira

le carré
....
murabba'i

le rectangle
....
kusurwa hudu

le triangle
....
kusurwa uku

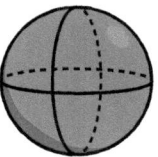

la sphère
....
mulmulalle

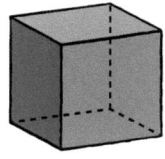

le cube
....
dunkule

blanc

fari

jaune

rawaya

orange

ruwan lemo

rose

ruwan shanshanbali

rouge

ja

violet

garura

bleu

shudi

vert

kore

marron

ruwan kasa

gris

ruwan toka

noir

baki

beaucoup / peu

da yawa / kadan

fâché / calme

fushi / nutsuwa

joli / laid

kyakkyawa / mummuna

le début / la fin

farko / karshe

grand / petit

babba / karami

clair / obscure

mai haske / mai duhu

frère / soeur

dan uwa / 'yar uwa

propre / sale

mai tsafta / kazami

complet / incomplet

cikakke / maras cika

le jour / la nuit

rana / dare

mort / vivant

matacce / mai rai

large / étroit

mai fadi / matsattse

comestible / incomestible

na ci / ba na ci ba

méchant / gentil

mugu / mai tausayi

excité / ennuyé

mai karsashi / gajiyayye

gros / mince

kakkaura / siriri

le premier / le dernier

na farko / na karshe

l'ami / l'ennemi

aboki / makiyi

plein / vide

cikakke / holoko

dur / souple

mai tauri / mai laushi

lourd / léger

mai nauyi / marar nauyi

faim / soif

yunwa / kishin ruwa

malade / sain

cuta / lafiya

illégal / légal

haramtacce / halastacce

intelligent / stupide

mai basira / dakiki

gauche / droite

hagu / dama

proche / loin

kusa / nesa

nouveau / usé

sabo / na-hannu

rien / quelque chose

ba komai / wani abu

vieux / jeune

tsoho / yaro

marche / arrêt

kunna / kashe

ouvert / fermé

a bude / a rufe

faible / fort

shiru / kara

riche / pauvre

mai arziki / talaka

correct / incorrect

daidai / bata

rugueux / lisse

mai kaushi / mai santsi

triste / heureux

bakin ciki / farin ciki

court / long

gajere / dogo

lent / rapide

a sannu / da sauri

mouillé / sec

jikakke / busasshe

chaud / froid

dumi / sanyi

la guerre / la paix

yaki / zaman lafiya

lambobi

0

zéro

sifili

1

un / une

daya

2

deux

biyu

3

trois

uku

4

quatre

hudu

5

cinq

biyar

6

six

shida

7

sept

bakwai

8

huit

takwas

9

neuf

tara

10

dix

goma

11

onze

goma sha daya

12

douze

goma sha biyu

13

treize

goma sha uku

14

quatorze

goma sha hudu

15

quinze

goma sha biyar

16

seize

goma sha shida

17

dix-sept

goma sha bakwai

18

dix-huit

goma sha takwas

19

dix-neuf

goma sha tara

20

vingt

ashirin

100

cent

dari

1.000

mille

dubu

1.000.000

le million

miliyan

l'anglais

Turanci

l'anglais américain

Turancin Amurka

le chinois mandarin

Mandarin na China

le hindi

Hindi

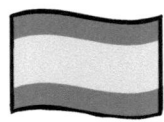

l'espagnol

Sifaniyanci

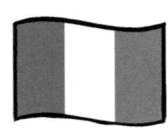

le français

Faransanci

l'arabe

Larabci

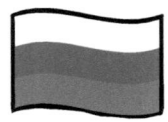

le russe

Yaren Rasha

le portugais

Yaren Portugal

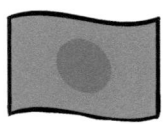

le bengali

Bengali

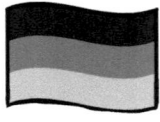

l'allemand

Yaren Jamus

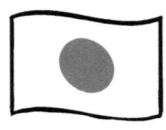

le japonais

Yaren Japan

je
ni

tu
kai

il / elle / ce, c', cela
shi / ita / ita

nous
mu

vous
ku

ils / elles
su

Qui ?
wa?

Quoi ?
me?

Comment ?
ya ya?

Où ?
a ina?

Quand ?
yaushe?

le nom
suna

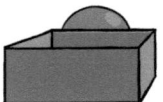

derrière

a baya

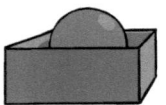

dans

a ciki

devant

a gaban

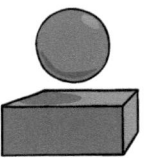

au-dessus

saman

sur

akai

en-dessous

karkashi

à côté de

a gefe

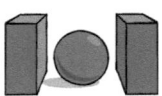

entre

a tsakani

le lieu

wuri